OSTUNI
72

Jugend
ist ein Zustand der Seele

Der Text des *Steins der Jugend*
im Parco Giardino Sigurtà

mit Fotografien von Rainer Groothuis

Knaur
MensSana

AFFITTASI

Die Jugend
ist kein Abschnitt des Lebens,
sie ist
ein Zustand der Seele,

ATHLETIC
SPORTING CLUB

eine bewusste Entscheidung,

eine Bereitschaft zur Fantasie,

eine seelische Kraft,

die den Mut
über die Zaghaftigkeit triumphieren
und die Abenteuerlust
über die Liebe zur Bequemlichkeit
siegen läßt.

BAKEL

Man wird nicht alt,
weil man eine bestimmte Anzahl
von Jahren gelebt hat,
sondern weil man seine Ideale aufgibt.

Während die Jahre ihre Spuren
auf dem Körper hinterlassen,
wird die Seele gezeichnet
vom Verlust der Begeisterung.

CIRCO
MONTI
31
S. VITO DEI N.
3

Sorgen, Zweifel,
das Fehlen von Selbstvertrauen,
Furcht und mangelnde Zuversicht
beugen Jahr für Jahr das Haupt,
bis schließlich auch der Geist erstirbt.

Jung sein bedeutet,
noch mit sechzig oder siebzig Jahren
die Liebe zum Wunderbaren
zu empfinden,

das Staunen für die leuchtenden Dinge

und die strahlenden Gedanken,

sich beherzt
den Ereignissen zu stellen,
die unstillbare Neugier eines Kindes
zu bewahren

PORCHET
IL SUPER MAGO DEL GEL
IL SUPER MAGO DEL

und den Sinn für
die angenehmen
und fröhlichen Seiten
des Daseins
zu erhalten.

Ihr werdet so lange jung sein,
wie euer Herz
die Botschaft der Schönheit,
der Kühnheit und des Mutes aufnimmt –
die Botschaft der Größe und der Stärke,

32

die euch von der Welt,

von einem Menschen

oder von der Unendlichkeit

geschenkt wird.

Wenn alle Fasern eures Herzens
zerrissen sind,
wenn sich auf sie
der Schnee des Pessimismus
und der Frosthauch des Zynismus gelegt hat ...

erst dann seid ihr wirklich alt.

TABACCHI
il Giornale
VALLE D'ITRIA
Vespa

Die Jugend ist kein Abschnitt des Lebens,
sie ist ein Zustand der Seele,
eine bewusste Entscheidung,
eine Bereitschaft zur Fantasie,
eine seelische Kraft,
die den Mut über die Zaghaftigkeit triumphieren
und die Abenteuerlust über die Liebe zur Bequemlichkeit
siegen lässt.
Man wird nicht alt,
weil man eine bestimmte Anzahl von Jahren gelebt hat,
sondern weil man seine Ideale aufgibt.
Während die Jahre ihre Spuren
auf dem Körper hinterlassen,
wird die Seele gezeichnet
vom Verlust der Begeisterung.
Sorgen, Zweifel, das Fehlen von Selbstvertrauen,
Furcht und mangelnde Zuversicht
beugen Jahr für Jahr das Haupt,
bis schließlich auch der Geist erstirbt.

Jung sein bedeutet,
noch mit sechzig oder siebzig Jahren
die Liebe zum Wunderbaren zu empfinden,
das Staunen für die leuchtenden Dinge
und die strahlenden Gedanken,
sich beherzt den Ereignissen zu stellen,
die unstillbare Neugier eines Kindes zu bewahren
und den Sinn für die angenehmen
und fröhlichen Seiten des Daseins zu erhalten.
Ihr werdet so lange jung sein,
wie euer Herz die Botschaft der Schönheit,
der Kühnheit und des Mutes aufnimmt –
die Botschaft der Größe und der Stärke,
die euch von der Welt, von einem Menschen
oder von der Unendlichkeit geschenkt wird.
Wenn alle Fasern eures Herzens zerrissen sind,
wenn sich auf sie der Schnee des Pessimismus
und der Frosthauch des Zynismus gelegt hat ...
erst dann seid ihr wirklich alt.

Von Fantasie, Kraft und Abenteuerlust, Begeisterung, *der Liebe zum Wunderbaren* und den strahlenden Gedanken, von Schönheit, Kühnheit und Mut – und dem *Staunen für die leuchtenden Dinge* erzählt dieser Text auf einem Stein im Parco Giardino Sigurtà bei Verona.

Wie wenig sprechen wir in unserem Alltag von diesen Dingen, wie wenig leben wir sie. Bevor wir handeln, setzen wir ein »kann nicht«, »keine Zeit«, »zu kompliziert«. Glücklich sind immer die anderen – die Verantwortung für unser eigenes Glück aber wollen wir nicht übernehmen. Wir empfinden schon geringe Verpflichtungen als Überforderung, suchen die große Liebe, aber haben Angst vor Bindungen. Am Ende wundern wir uns, wenn wir allein sind. Wir beklagen den Verlust von Werten – und wissen mit Herzensbildung nichts mehr anzufangen. Wir erwarten Orientierung und begeben uns nicht auf die Suche. Von einem mühelosen und freudvollen Leben träumten die Menschen zu allen Zeiten. Doch bleibt das Glück unsere ureigene Sache, eine Frage der Haltung, der Erwartung – des Handelns. Es gibt kein erfülltes Leben im Konjunktiv, auch keines im Ich-kann-mich-nicht-entscheiden. Wer die Verantwortung für das eigene Wohlbefinden abgibt an den Nächsten, den Lebenspartner oder gar »Vater Staat«, hat schon verloren. Und wem das Glas immer halb leer erscheint, dem rauschen nicht nur die Jahre davon.

Die Fotografien in diesem Buch sind entstanden in Apulien, einer kargen Region im Süden Italiens. Kinder und Jugendliche, die arbeiten, der Ziegenhirt, der mit seinen Tieren über die Felder zieht, der Akkordeonspieler auf der Straße – sie alle sind selbstbewusste Teile einer Kultur, in der Gassen und Plätze die selbstverständliche Fortsetzung des Privaten sind, in der Alter nicht Warten auf den Tod bedeutet, sondern erfülltes Dasein bis zum Ende seiner Zeit. Sie sind Teile einer Kultur, die nur wenigen die »Fasern des Herzens zerreißt«, in der auch Heiterkeit, Spontaneität und Gelassenheit zuhause sind – einer wahren Kultur der *Jugend.*

Rainer Groothuis

Der *Stein der Jugend* (la pietra della giovinezza), auf dem dieser berühmte Text steht, befindet sich im Parco Giardino Sigurtà südlich des Gardasees in der Nähe von Peschiera.

Die Folie des Schutzumschlags sowie die Einschweißfolie
sind PE-Folien und biologisch abbaubar.
Dieses Buch wurde auf chlor- und säurefreiem Papier gedruckt.

Besuchen Sie uns im Internet: www.droemer-knaur.de
Alle Titel aus dem Bereich MensSana finden Sie im Internet
unter www.knaur-mens-sana.de.

DEUTSCHE ERSTAUSGABE FEBRUAR 2007

FOTOGRAFIEN Rainer Groothuis
GESTALTUNG Groothuis, Lohfert, Consorten, Hamburg|glcons.de
Gesetzt aus der Bodoni Classico
REPRODUKTION Repro Ludwig, A-Zell am See
Gedruckt auf LuxoSamtoffset, 150 g/qm
DRUCK UND BINDUNG Offizin Andersen Nexö, Leipzig
Printed in Germany
ISBN 978-3-426-66597-8

5 4 3 2 1